* A

Déli
recettes pour le Wok

par
Jill Elegeer et Ann Colby

Le Ballon

Important:

Le wok était déjà employé dans toutes les cuisines de la Chine ancienne.

Le wok est une casserole traditionnelle chinoise. Le mode de cuisson particulier qu'il implique s'avère idéal car il n'entraîne pratiquement aucune perte de vitamines et de minéraux grâce au temps de cuisson réduit. De ce fait, la saveur des aliments est également préservée. Toujours grâce à la rapidité de cuisson, il est aussi très économique. En outre, il permet de préparer un repas complet en un tournemain et en ne salissant qu'une seule casserole!

Le wok classique est en fonte car ce matériau est un excellent conducteur de chaleur. Les woks en aluminium et en acier inoxydable constituent néanmoins de très bonnes alternatives. Ils exigent moins d'entretien mais chauffent moins vite. Vous trouverez dans le commerce trois types de woks: le wok à fond bombé à poser sur un pied pour la cuisson au gaz, le wok à fond plat pour les plaques de cuisson électriques ou à induction et le wok électrique que vous pouvez mettre à table.

Pour une cuisson au wok optimale, quelques règles simples sont à respecter.

Pour gagner un maximum de temps, préparez tous les ingrédients avant de commencer. Essayez qu'ils aient tous la même taille.
Mettez d'abord dans le wok les ingrédients qui doivent cuire le plus longtemps puis ajoutez les autres.
Vous gagnerez aussi du temps en préparant les sauces à l'avance et en les présentant à table.
Faites toujours chauffer le wok avant de le frotter d'huile ou d'y verser un corps gras.
Veillez à ce que les poignées du wok ne se trouvent pas

La cuisson au wok reste très courante dans les restaurants chinois.

au-dessus de la source de chaleur car vous risqueriez de vous brûler grièvement.

Lorsque vous faites chauffer l'huile dans le wok, n'utilisez jamais de couvercle et branchez la hotte aspirante.

Prenez garde aux éclaboussures si vous jetez dans le wok des ingrédients humides!

Vous trouverez un large éventail d'ingrédients typiquement orientaux dans les grandes surfaces ou dans les supermarchés chinois des grandes villes.

Le ve-tsin est un exhausteur de goût traditionnel de la cuisine orientale mais en réalité, il s'agit de glutamate de sodium. Or, en grandes quantités, ce produit peut provoquer des nausées et des maux de tête. Si vous remarquez que vous ne le tolérez pas bien, supprimez-le tout simplement. Vous pouvez aussi utiliser davantage de sauce soja, un aromatisant naturel.

Le tofu est un fromage à base de caséine et de soja souvent utilisé pour remplacer la viande. Il se vend frais ou emballé sous vide dans la plupart des grandes surfaces ou des magasins de produits naturels.

Le riz est un ingrédient indispensable de la cuisine chinoise. En Chine, il est cuit dans un wok. Photo: une rizière en Chine.

Les woks utilisés en Asie sont souvent nettement plus grands que ceux que nous connaissons.

Losanges de poisson aux légumes

Temps de préparation: 15 minutes

Ingrédients pour 4 portions:

600 g de filets de poisson au choix (cabillaud, plie, barbue, aiglefin)
2 carottes, 2 oignons, 1 gousse d'ail
2 branches de céleri
1 ravier de mini-épis de maïs
1 poivron vert, 1 piment rouge
huile pour la cuisson
1 c. à thé de gingembre râpé
2 c. à soupe de concentré de tomates
2 c. à soupe de sauce soja
6 c. à soupe de bouillon
2 c. à soupe de xérès sec ou de saké
1 pincée de piment en poudre ou de poivre de Cayenne
poivre noir du moulin, sel

1. Coupez le poisson en beaux losanges. Nettoyez les légumes et coupez-les en dés.
2. Chauffez l'huile dans le wok et faites-y revenir le piment épépiné, le gingembre, le concentré de tomates, l'ail et arrosez de sauce soja, de bouillon et de xérès.
3. Faites revenir quelques minutes en remuant et assaisonnez de sel, de poivre et de piment. Ajoutez les légumes et faites cuire en remuant 4-5 minutes.
4. Incorporez ensuite les losanges de poisson et poursuivez la cuisson 2-3 minutes sans cesser de remuer jusqu'à ce que le poisson soit cuit, les légumes restant croquants. Servez avec du riz, des nouilles ou des vermicelles chinois.

Porc aigre-doux aux ananas

Temps de préparation: 30 minutes

Ingrédients pour 4 portions:

600 g de fines escalopes de porc
2 gousses d'ail, 2 gros oignons
1 c. à thé de gingembre râpé
4 c. à soupe de sauce soja
1 c. à soupe de maïzena
2 c. à soupe d'huile
2 c. à soupe de vinaigre de vin blanc
2 c. à soupe de concentré de tomates
1 c. à soupe de sucre semoule
1 grande boîte de dés d'ananas au sirop
persil frais
poivre noir du moulin

1. Coupez les escalopes en fines lanières et mettez-les dans un plat. Assaisonnez de poivre et arrosez de sauce soja. Faites mariner 15 minutes.
2. Mélangez dans un petit bol le vinaigre, le concentré de tomates, la maïzena, le sucre semoule et un peu du sirop des ananas. Chauffez l'huile dans le wok et faites revenir 2 minutes les oignons grossièrement hachés et l'ail haché en remuant.
3. Retirez la viande de la marinade et ajoutez-la aux oignons. Cuisez-la 2-3 minutes. Arrosez de la sauce aigre-douce et de la marinade et ajoutez un peu de sirop d'ananas, de bouillon ou d'eau. Cuisez encore 10 minutes en remuant constamment.
4. Une minute avant la fin de la cuisson, ajoutez les ananas égouttés et servez sur un lit de riz. Parsemez de persil haché.

à droite: Porc aigre-doux aux ananas

Poulet au miel

Temps de préparation: 20 minutes

Ingrédients pour 4 portions:

4 blancs de poulet désossés et coupés en dés
4 foies de volaille, coupés en petits morceaux
100 de petits champignons des bois
1 grand oignon, pelé et découpé en rondelles
5 petits oignons, coupés en petits tronçons d'1 cm
1 1/2 c. à soupe de miel
2 c. à soupe de sauce soja
2 c. à soupe d'huile d'olive
2 gousses d'ail, finement hachées

1. Faites tremper les petits oignons pendant 15 min dans un bol d'eau. Égouttez et séchez-les.
2. Chauffez 1 cuillère à soupe d'huile dans le wok à feu moyen. Faites-y cuire les blancs et les foies de poulet pendant 5 min tout en remuant et réservez-les.
3. Lavez les champignons. Ôtez les queues. Chauffez 1 cuillère à soupe d'huile d'olive et faites-y frire les rondelles d'oignons pendant 3 min. Ajoutez les champignons et l'ail, et poursuivez la cuisson pendant 2 min sans cesser de remuer.
4. Mettez les blancs et les foies de poulet dans le wok avec les oignons et les champignons, ajoutez la sauce soja et le miel et enfin les petits oignons. Laissez cuire le tout encore pendant 3 min au maximum à feu vif et servez immédiatement.

Chow mein

Temps de préparation: 20 minutes

Ingrédients pour 4 portions:

350 g de nouilles ou de vermicelles chinois
500 g de fines tranches de filet de porc
2 blancs de poireau, 50 g de petits pois
2 branches de céleri, 1 poivron rouge
1 petite boîte de pousses de bambou
1 c. à soupe de xérès sec ou de saké
2 c. à soupe de sauce soja
2 dl de bouillon de volaille
poivre du moulin, sel
huile pour la cuisson

1. Mettez les pâtes dans un bol, mouillez avec l'eau chaude et laisser tremper 10 minutes. Nettoyez les légumes, lavez-les et coupez-les en dés ou en lanières.
2. Coupez la viande en lanières et arrosez de sauce soja et de xérès. Mélangez bien et faites mariner 10 minutes. Chauffez l'huile dans le wok. Mettez-y le céleri, les poireaux. Faites revenir 2 minutes tout en remuant.
3. Ajoutez les poivrons et les pousses de bambou égouttées et poursuivez la cuisson 2 minutes. Retirez les légumes du wok, augmentez le feu et cuisez les lanières de viande 4 minutes en remuant constamment.
4. Remettez les légumes et les petits pois dans le wok. Arrosez de bouillon. Poursuivez la cuisson 2-3 minutes puis ajoutez les nouilles égouttées. Salez, poivrez et faites mijoter 2-3 minutes, toujours en remuant. Servez aussitôt.

à droite: Chow mein

Pousses de bambou aux épinards

Temps de préparation: 20 minutes

Ingrédients pour 4 portions:

350 g d'épinards en branches
150 g de pousses de bambou en boîte
1 dl de bouillon de volaille
poivre noir du moulin, sel
1 pincée de sucre
2 c. à soupe de sauce soja
1 c. à soupe de maïzena
huile pour la cuisson

1. Chauffez l'huile dans le wok, mettez-y les épinards nettoyés, salez, poivrez et sucrez. Faites revenir 1 minute en remuant et retirez du wok.
2. Remettez une c. à soupe d'huile dans le wok et ajoutez les pousses de bambou coupées menu. Cuisez 2 minutes en remuant, ajoutez les épinards et poursuivez la cuisson 3 minutes.
3. Arrosez de bouillon et de sauce soja. Saupoudrez de maïzena et poursuivez la cuisson 2 minutes pour épaissir le tout.
4. Servez comme plat végétarien ou avec de la volaille grillée.

Suggestion: remplacez les épinards par des brocolis, du chou chinois.

Dés d'agneau au curry

Temps de préparation: 30 minutes (+ 30 minutes de marinade)

Ingrédients pour 4 portions:

600 g de ragoût d'agneau
2 gousses d'ail, 6 échalotes
2 tomates charnues mûres
2 c. à soupe de raisins secs
4 c. à soupe de noix de coco râpée
6 c. à soupe de yaourt
1 c. à thé de gingembre râpé
2 c. à soupe de curry
2 dl de bouillon ou de fond d'agneau
1 c. à thé de fécule
poivre du moulin, sel
huile pour la cuisson

1. Coupez la viande en dés égaux. Hachez finement les échalotes et l'ail. Dans un bol, mélangez le yaourt, l'ail, le gingembre, le curry, le poivre et la fécule. Versez sur la viande, mélangez et faites mariner au réfrigérateur 30 minutes.
2. Chauffez l'huile dans le wok et faites-y revenir les échalotes. Saupoudrez de curry et cuisez en remuant 2-3 minutes. Retirez la viande de la marinade et mettez-la dans le wok. Augmentez le feu et dorez.
3. Arrosez la viande de la marinade et ajoutez les tomates pelées, épépinées et concassées, la noix de coco, le bouillon ou le fond, les raisins secs, du sel et du poivre. Mélangez bien, baissez le feu et poursuivez la cuisson 20 minutes en remuant de temps à autre.
4. Saupoudrez d'un peu de noix de coco juste avant de servir et accompagnez de riz et de petites bananes cuites au beurre.

à droite: Dés d'agneau au curry

Tofu poêlé aux champignons

Temps de préparation: 25 minutes

Ingrédients pour 4 portions:

300 g de champignons de Paris
250 g d'épinards en branches
400 g de dés de tofu (pâte de soja)
100 g de lanières de jambon cuit
1 botte de jeunes oignons avec tige, 1 oignon
1 c. à soupe de xérès sec ou de saké
1 c. à soupe de sucre semoule fin
1 c. à soupe de gingembre râpé
1 grosse c. à soupe de sauce d'huître
2 c. à soupe de sauce soja
1 c. à soupe de fécule
1/2 dl de bouillon
poivre noir du moulin
huile pour la cuisson

1. Faites blanchir les champignons de Paris dans de l'eau bouillante salée, égouttez.
2. Mélangez le saké, le sucre, poivrez et salez et faites-y mariner les champignons 5 minutes. Coupez le tofu en dés égaux, salez et dorez brièvement dans un filet d'huile. Retirez de la poêle et égouttez.
3. Versez un filet d'huile dans le wok et faites-y revenir en remuant les oignons, les lanières de jambon et le gingembre 2-3 minutes. Ajoutez les champignons et les épinards et mélangez bien.
4. Ajoutez la sauce d'huître, la sauce soja et du poivre. Mouillez avec le bouillon et portez à ébullition. Ajoutez le tofu doré et cuisez encore 2-3 minutes en remuant. Ajoutez les jeunes oignons hachés juste avant la fin de la cuisson.

Tofu à la mode de Sichuan

Temps de préparation: 35 minutes

Ingrédients pour 4 portions:

500 g de tofu (pâte de soja)
150 g de haché de boeuf
2 c. à soupe de haricots noires
1 botte de jeunes oignons avec tige
3 gousses d'ail, 2 poivrons verts
2 1/2 dl de bouillon
1 c. à soupe de fécule
2 c. à soupe de sauce soja
poivre noir du moulin, sel
huile pour la cuisson

1. Pochez le tofu 3 minutes dans de l'eau presque bouillante salée. Égouttez et coupez en dés égaux. Faites tremper les haricots dans de l'eau 20 minutes, égouttez dans une passoire.
2. Émincez les oignons avec tige et l'ail et coupez les poivrons nettoyés en dés.
3. Chauffez l'huile dans le wok et mettez-y le haché et les haricots; salez et poivrez. Cuisez tout en remuant 3-4 minutes, puis ajoutez les jeunes oignons avec tige et l'ail. Poursuivez la cuisson 2 minutes.
4. Arrosez avec la moitié du bouillon et incorporez le tofu. Faites mijoter 3-4 minutes. Diluez la maïzena dans le reste du bouillon et la sauce soja et versez sur la préparation. Portez à ébullition et poursuivez la cuisson 2-3 minutes en remuant. Rectifiez l'assaisonnement et accompagnez de riz.

à droite: Tofu poêlé aux champignons

Poêlée de champignons

Temps de préparation : 15 minutes

<u>Ingrédients pour 4 portions:</u>

250 g de champignons
100 g de pleurotes
100 g de bolets
100 de petits champignons divers
2 petits oignons, finement hachés
2 gousses d'ail, hachées menu
1 c. à soupe d'huile d'olive
2 c. à thé de xérès sec
2 c. à thé de sauce soja
2 c. à soupe de bouillon de volaille
1 c. à thé de gingembre haché
1 c. à thé de sucre cristallisé
1 c. à thé d'huile de sésame

1. Lavez les champignons à l'eau et épongez-les soigneusement.
2. Chauffez 1 c. à soupe d'huile d'olive dans le wok et faites-y revenir les petits oignons et l'ail pendant une dizaine de secondes. Ajoutez tous les champignons et poursuivez la cuisson pendant 5 minutes sans cesser de remuer.
3. Versez le xérès, la sauce soja, le bouillon de volaille, le sucre et l'huile de sésame sur les champignons. Mélangez bien et laissez cuire le tout encore 5 minutes Servez immédiatement, avec du riz par exemple.

Chou chinois aux crevettes

Temps de préparation: 30 minutes

<u>Ingrédients pour 4 portions:</u>

1 kg de chou chinois
300 g de crevettes
4 c. à soupe de tofu
2 c. à soupe de concentré de tomates
2 c. à soupe de sauce soja
2 1/2 dl de bouillon de volaille
poivre du moulin, sel
huile pour la cuisson

1. Nettoyez le chou chinois, ôtez le cœur dur puis émincez en grosses lanières. Écrasez le tofu avec le concentré de tomates et la sauce soja.
2. Chauffez l'huile dans le wok et mettez-y le chou. Assaisonnez de sel et de poivre et faites revenir 5 minutes en remuant. Incorporez le tofu et poursuivez la cuisson 5 minutes. Mouillez avec le bouillon et laissez mijoter encore 5-10 minutes.
3. Ajoutez les crevettes quelques minutes avant la fin de la cuisson et rectifiez l'assaisonnement.
4. Servez avec du riz et éventuellement avec de la viande grillée.

à droite: Poêlée de champignons

Bœuf à la mode de Hongkong

Temps de préparation: 40 minutes

Ingrédients pour 4 portions:

500 g de filet de boeuf
2 oignons
3 grosses tomates charnues
200 g de carottes
1 c. à thé de gingembre râpé
poivre noir du moulin, sel
3 c. à soupe de sucre de canne brun
3 c. à soupe de sauce soja
2 c. à soupe de xérès sec
3 c. à soupe de bouillon
1 botte de coriandre fraîche
huile pour la cuisson

1. Émincez les oignons, grattez les carottes et détaillez-les en julienne. Coupez les tomates pelées et épépinées en dés et la viande en belles lanières.
2. Chauffez l'huile dans le wok et faites-y revenir la viande en remuant 2-3 minutes. Ajoutez les oignons, les tomates, le gingembre et les carottes et poursuivez la cuisson 2-3 minutes. Ajoutez le sucre de canne, la sauce soja, le xérès, du poivre et du sel.
3. Versez le bouillon et faites mijoter encore 8-10 minutes. Parsemez de coriandre hachée et accompagnez de riz ou de nouilles.

Lanières de veau aux légumes

Bereidingsduur: 25 minuten

Ingrédients pour 4 portions:

400 g de fines escalopes de veau (ou de porc)
3 gousses d'ail
1/2 de chou blanc
2 carottes
2 branches de céleri
1 poivron rouge
100 g de jets de soja
1 piment rouge
6 c. à soupe de bouillon
6 c. à soupe de sauce soja
1 c. à thé de maïzena
poivre noir du moulin, sel
huile pour la cuisson

1. Nettoyez bien les légumes, lavez-les et détaillez-les en morceaux égaux. Épépinez le piment. Coupez la viande en lanières.
2. Chauffez l'huile dans le wok et faites-y revenir la viande et l'ail haché 2-3 minutes en remuant. Retirez du wok.
3. Ajoutez un filet d'huile, mettez-y les légumes sauf les jets de soja et cuisez en remuant 3-4 minutes.
4. Remettez la viande, saupoudrez de maïzena, arrosez de bouillon et assaisonnez de poivre, de sel et de sauce soja. Faites mijoter encore 8-10 minutes. Incorporez les jets de soja 2 minutes avant la fin de la cuisson. Accompagnez de riz ou de nouilles.

à droite: Bœuf à la mode de Hongkong

Poulet aux noix

Temps de préparation: 25 minutes

Ingrédients pour 4 portions:

500 g de filets de poulet
6 branches de céleri blanc
150 g de cerneaux de noix
2 gousses d'ail (facultatif)
1 dl de bouillon de volaille
1 c. à thé de fécule
2 c. à soupe de sauce soja
poivre du moulin, sel
huile pour la cuisson

1. Coupez les filets de poulet en lanières et le céleri nettoyé en morceaux et hachez l'ail finement.
2. Chauffez l'huile dans le wok et faites-y revenir le poulet, le céleri et l'ail 8-10 minutes en remuant. Assaisonnez de poivre, de sel et de sauce soja.
3. Saupoudrez de maïzena, arrosez de bouillon et ajoutez les noix. Poursuivez la cuisson 2-3 minutes jusqu'à épaississement.
4. Accompagnez de riz, de pommes de terre rissolées ou de nouilles.

Scampis à la crème de coco

Temps de préparation: 25 minutes

Ingrédients pour 4 portions:

24 scampis décortiqués
1 c. à soupe de zeste de citron vert râpé
1 c. à soupe de jus de citron vert
2 dl de lait de coco
2 c. à soupe de sauce soja
4 échalotes
1 c. à thé de pâte d'anchois ou de crevettes
1 botte de jeunes oignons avec tige
huile pour la cuisson

1. Mélangez le lait de coco, le zeste et le jus du citron vert, la pâte d'anchois ou de crevettes et la sauce soja. Hachez finement les échalotes et les jeunes oignons.
2. Chauffez l'huile dans le wok et faites-y revenir les échalotes 2 minutes en remuant. Ajoutez-y les grosses crevettes et poursuivez la cuisson 2-3 minutes.
3. Arrosez de la sauce au coco et faites mijoter 2-3 minutes. Parsemez de jeunes oignons et accompagnez de riz ou d'une purée de pommes de terre.

à droite: Poulet aux noix

Nouilles au poulet et aux bettes

Temps de préparation: 20 minutes

<u>Ingrédients pour 4 portions:</u>

300 g de filets de poulet
350 g de nouilles (ou vermicelles chinois ou capellinis)
150 g de chou chinois
1 botte de jeunes oignons avec tige
2 c. à soupe de sauce soja
poivre du moulin, sel
1 filet d'huile d'olive
huile pour la cuisson

1. Faites cuire al dente les nouilles, les vermicelles trempés ou les capellinis à l'eau bouillante salée. Coupez le poulet, le chou et les jeunes oignons en lanières.
2. Chauffez l'huile dans le wok et faites-y revenir le poulet 2-3 minutes en remuant. Assaisonnez de sel, de poivre et de sauce soja puis ajoutez les légumes.
3. Égouttez bien les pâtes et ajoutez un peu d'huile d'olive. Ajoutez-les dans le wok et cuisez encore 4-5 minutes en remuant constamment.
4. Parsemez de jeunes oignons et servez aussitôt.

Ratatouille épicée

Temps de préparation: 15 minutes (+ 30 minutes de dégorgement pour les aubergines)

<u>Ingrédients pour 4 portions:</u>

2 aubergines
1 poivron rouge, 1 vert et 1 jaune
2 oignons, 3 gousses d'ail
1 piment rouge
1 dl de bouillon de légumes (cube)
4 c. à soupe de sauce soja
1 filet de vinaigre balsamique
1 pincée de sucre semoule
1 c. à thé de gingembre râpé (facultatif)
poivre du moulin, sel
huile pour la cuisson

1. Frottez les aubergines avec un linge humide, coupez-les en deux et faites quelques incisions dans la chair. Saupoudrez de sel et laissez dégorger 30 minutes. Pressez-les bien, rincez-les à l'eau froide, égouttez-les et coupez-les en dés égaux.
2. Nettoyez les poivrons, enlevez les côtes et les pépins et coupez en dés. Hachez grossièrement les oignons et hachez l'ail. Enlevez bien tous les pépins du piment rouge et hachez le finement.
3. Chauffez quelques cuillerées d'huile dans le wok et faites revenir les aubergines 4-5 minutes en remuant. Retirez du wok et gardez au chaud. Ajoutez un filet d'huile et cuisez-y 1 minute le gingembre et l'ail.
4. Ajoutez les oignons, le piment et les poivrons et cuisez encore 3 minutes en remuant. Ajoutez les aubergines, portez à ébullition et faites mijoter jusqu'à épaississement. Servez comme plat végétarien ou avec de la viande au choix.

à droite: Nouilles au poulet et aux bettes

Œufs aux asperges et aux crevettes

Temps de préparation: 15 minutes

Ingrédients pour 4 portions:

8 œufs
8 c. à soupe de lait entier
poivre blanc du moulin, sel
2 c. à soupe de ciboulette hachée
200 g de crevettes grises ou roses décortiquées
1 botte d'asperges blanches ou vertes
jus d'un 1/2 citron
huile pour la cuisson

1. Nettoyez les asperges avec un couteau-éplucheur et coupez les bouts durs. Détaillez ensuite à l'aide de l'éplucheur en fins rubans. Pochez ceux-ci 2 minutes dans de l'eau bouillante salée et citronnée. Égouttez sur du papier absorbant.
2. Battez les oeufs avec la crème ou le lait, salez et poivrez. Chauffez l'huile dans le wok et cuisez-y les rubans d'asperges 2 minutes tout en remuant. Ajoutez les crevettes et poursuivez la cuisson 1 minute en remuant.
3. Versez les oeufs dans le wok et cuisez 1 ou 2 minutes avec les asperges et les crevettes en remuant constamment.
4. Rectifiez l'assaisonement et parsemez de ciboulette hachée.

Scampis à la provençale

Temps de préparation: 25 minutes

Ingrédients pour 4 portions:

24 scampis décortiqués
1 poivron rouge, 1 vert et 1 jaune
2 tomates charnues
2 gousses d'ail
1 petite aubergine
1 petite courgette
1/2 dl de vin de table rouge
1/2 dl de bouillon
poivre noir du moulin, sel
1 c. à soupe d'herbes de Provence
1 pincée de poivre de Cayenne
huile pour la cuisson

1. Lavez les poivrons, enlevez les côtes et les pépins et coupez en dés égaux. Frottez l'aubergine et la courgette avec un linge humide et coupez en dés. Hachez finement l'ail et concassez les tomates pelées et épépinées.
2. Chauffez l'huile dans le wok et faites-y revenir les crevettes 3-4 minutes en remuant. Retirez de la poêle et gardez au chaud.
3. Faites revenir les légumes dans un filet d'huile en remuant, 4-5 minutes puis versez le bouillon et le vin. Faites mijoter encore 3-4 minutes et réchauffez un peu les crevettes. Assaisonnez de sel, de poivre, d'herbes de Provence et de poivre de Cayenne.
4. Faites mijoter encore 1-2 minutes et servez avec une baguette.

à droite: Œufs aux asperges et aux crevettes

Nouilles au crabe

Temps de préparation: 25 minutes

Ingrédients pour 4 portions:

250 g de nouilles (ou de vermicelles chinois ou capellinis)
250 g de chair de crabe (ou de surimi)
1 boîte de filets d'anchois
6 échalotes, 2 gousses d'ail
1 botte de jeunes oignons avec tige
1 poivron rouge
2 c. à soupe de jus de citron
poivre du moulin, sel
1 pincée de sucre semoule
huile pour la cuisson

1. Cuisez les nouilles, les vermicelles trempés ou les capellinis dans de l'eau bouillante salée. Égouttez et gardez au chaud.
2. Coupez le poivron épépiné en lanières, pressez l'ail et hachez très finement les échalotes et les jeunes oignons avec leur tige. Émiettez à la fourchette la chair de crabe égouttée ou coupez le surimi en rondelles. Écrasez les filets d'anchois.
3. Chauffez l'huile dans le wok et cuisez-y en remuant les poivrons, les échalotes et l'ail 2-3 minutes. Ajoutez les pâtes et cuisez encore une minute.
4. Incorporez la chair de crabe et les anchois et ajoutez du poivre, du sel, du jus de citron et le sucre. Cuisez encore une minute en remuant. Parsemez de jeunes oignons et servez.

Ailes de poulet au potiron

Temps de préparation: 35 minutes

Ingrédients pour 4 portions:

24 ailes de poulet
350 g de potiron
350 g de petites pommes de terre à chair ferme (ou grenailles)
2 papayes
3 gousses d'ail
1 1/2 dl de bouillon de volaille
1 dl de yaourt
1 c. à soupe de curcuma
poivre du moulin, sel
huile pour la cuisson

1. Coupez la chair du potiron en dés. Épluchez les pommes de terre. Pelez les papayes, enlevez les pépins et coupez la chair en dés. Pressez l'ail.
2. Chauffez l'huile dans le wok et faites-y revenir 4-5 minutes les dés de potiron et les pommes de terre. Ajoutez les ailes de poulet et cuisez encore 10-12 minutes en remuant. Ajoutez le curcuma, le poivre, le sel et l'ail pressé.
3. Mouillez avec le bouillon et faites mijoter encore 10 minutes à feu doux. Ajoutez la papaye 2 minutes avant la fin de la cuisson.
4. Retirez du feu et incorporez le yaourt. Servez aussitôt.

à droite: Nouilles au crabe

Côtes de porc aigres-douces

Temps de préparation: 40 minutes

Ingrédients pour 4 portions:

1 1/2 kg de petites côtes de porc maigres
1 c. à soupe de gingembre râpé
2 gousses d'ail
2 dl d'huile d'olive vierge
6 c. à soupe de sauce soja
2 c. à soupe de vinaigre balsamique
4 c. à soupe de ketchup
2 c. à soupe de sucre de canne roux
2 c. à soupe de miel liquide
1 pincée de piment en poudre ou de poivre de Cayenne
huile pour la cuisson

1. Mélangez dans un grand plat l'huile d'olive, le gingembre, l'ail pressé, la sauce soja, le vinaigre balsamique, le ketchup, le sucre de canne, le miel et le poivre de Cayenne. Faites-y mariner les côtes de porc 20 minutes.
2. Chauffez l'huile dans le wok et faites-y revenir les côtes 10-12 minutes en remuant et en arrosant de la marinade.
3. Accompagnez de pommes de terre en robe des champs et d'une salade verte.

Boulettes épicées

Temps de préparation: 30 minutes

Ingrédients pour 4 portions:

600 g de haché de veau maigre
4 c. à soupe de chapelure
1 œuf
poivre noir du moulin, sel
1 pincée de poivre de Cayenne
1 pincée de curry
400 g de choux de Bruxelles
1 dl de bouillon
huile pour la cuisson

1. Pétrissez le haché avec l'œuf et la chapelure et assaisonnez de poivre, de curry et de poivre de Cayenne. Façonnez de petites boulettes.
2. Faites blanchir quelques minutes les choux nettoyés dans de l'eau bouillante salée. Égouttez bien.
3. Chauffez l'huile dans le wok et cuisez-y les boulettes et les choux 5-6 minutes en remuant. Arrosez de bouillon et faites mijoter encore 3-4 minutes.
4. Servez avec une purée de pommes de terre légère.

à droite: Boulettes épicées

Boulettes d'agneau à la tomate

Temps de préparation: 30 minutes

Ingrédients pour 4 portions:

600 g de haché d'agneau très épicé (merguez)
1 œuf
4 c. à soupe de chapelure
4 tomates charnues
2 c. à soupe de pignons
1 dl de bouillon ou de fond d'agneau
poivre noir du moulin, sel
2 c. à soupe de persil haché
huile pour la cuisson

1. Mélangez le haché avec l'œuf et la chapelure et assaisonnez. Façonnez de petites boulettes.
2. Concassez les tomates pelées et épépinées. Chauffez l'huile dans le wok. Mettez-y les boulettes et les pignons et faites rissoler en remuant 2 minutes pour bien dorer les boulettes.
3. Ajoutez les tomates, poivrez et salez, mouillez avec le bouillon ou le fond d'agneau et cuisez 5-6 minutes.
4. Parsemez de persil et servez aussitôt.

Magret de canard aux champignons

Temps de préparation: 30 minutes

Ingrédients pour 4 portions:

2 magrets de canard
500 g de champignons des bois
100 g d'amandes effilées
6 échalotes
1 filet de vinaigre de framboise ou balsamique
1 filet de xérès sec
1 c. à soupe de poivre rose en conserve
2 c. à soupe de persil haché
poivre noir du moulin, sel
huile pour la cuisson

1. Brossez bien les champignons pour les nettoyer et coupez-les menu. Hachez les échalotes. Faites quelques incisions dans la graisse des magrets puis coupez ceux-ci en lanières.
2. Chauffez un tout petit peu d'huile dans le wok. Faites revenir les magrets 10 minutes en remuant. Salez et poivrez. La graisse doit être croquante.
3. Jetez la graisse, déglacez la poêle avec le vinaigre et le xérès puis ajoutez les champignons et les échalotes. Cuisez encore 3-4 minutes en remuant, salez et poivrez.
4. Ajoutez le poivre rose égoutté, les amandes effilées et le persil, réchauffez et servez aussitôt.

à droite: Magret de canard aux champignons

Poulet à l'égyptienne

Temps de préparation: 30 minutes

Ingrédients pour 4 portions:

600 g de filets de poulet
12 dattes séchées
12 figues séchées
2 c. à soupe de raisins secs
2 c. à soupe de poudre d'amandes
2 c. à soupe de pignons
2 c. à soupe de miel liquide
1 dl de bouillon de volaille
poivre du moulin, sel
1 pincée de cumin, 1 de cannelle et 1 de curcuma
huile pour la cuisson

1. Coupez les filets en lanières. Coupez les dattes dénoyautées et les figues en morceaux. Grillez les pignons sans graisse.
2. Chauffez l'huile dans le wok et faites-y revenir le poulet 8-10 minutes en remuant. Assaisonnez de sel, de poivre, de cumin, de cannelle et de curcuma. Ajoutez les dattes, les figues et les raisins secs.
3. Incorporez le miel, saupoudrez de poudre d'amandes et arrosez de bouillon. Faites mijoter encore 5-6 minutes jusqu'à ce que la préparation épaississe légèrement.
4. Rectifiez l'assaisonnement et parsemez de pignons. Servez aussitôt.

Steak mariné à l'orange

Temps de préparation: 45 minutes

Ingrédients pour 4 portions:

800 g de filet pur de boeuf
2 c. à soupe de zestes d'oranges confits
1 c. à soupe de gingembre râpé
2 oranges
1 botte de jeunes oignons avec tige
poivre noir du moulin, sel
1 pincée de piment en poudre
huile pour la cuisson

Pour la marinade:
6 c. à soupe de xérès sec
10 c. à soupe de sauce soja
1 c. à thé de fécule
2 c. à soupe de jus d'orange frais
2 c. à soupe d'huile d'olive
1 c. à soupe de miel liquide
poivre noir du moulin, sel

1. Mélangez tous les ingrédients pour la marinade dans un plat. Coupez la viande en belles lanières et faites-la mariner 30 minutes.
2. Hachez les oignons avec leur tige. Pelez les oranges à vif pour enlever les peaux blanches. Détaillez en quartiers et ôtez la peau en recueillant le jus. Chauffez l'huile, retirez la viande de la marinade et cuisez 2-3 minutes en remuant.
3. Assaisonnez de gingembre, de piment en poudre et salez. Arrosez de la marinade et faites mijoter encore 2-3 minutes.
4. Mélangez ensuite les quartiers d'orange, les zestes et les jeunes oignons, réchauffez un peu et servez.

à droite: Steak mariné à l'orange

Gambas aux brocolis

Temps de préparation: 15 minutes

Ingrédients pour 4 portions:

400 g de gambas, cuites et décortiquées
2 petits oignons, finement ciselés
1 c. à thé de maïzena
2 c. à soupe d'huile d'olive
sel et poivre du moulin
300 g de brocolis découpés
1 blanc d'œuf
1 1/2 c. à thé de xérès sec
1/2 c. à thé de sucre

1. Lavez les gambas à l'eau, séchez-les et découpez-les en morceaux de 2 centimètres au maximum. Déposez-les dans un bol avec le xérès, la maïzena et le blanc d'œuf. Couvrez le bol et placez-le pendant 20 minutes dans un endroit frais.
2. Chauffez 1 c. à soupe d'huile d'olive dans le wok, dont vous enduisez également les côtés. Faites cuire les gambas 1 minute dans le wok en remuant. Réservez.
3. Chauffez le reste de l'huile d'olive dans le wok et ajoutez les brocolis et les petits oignons. Assaisonnez avec du sel, du poivre et un peu de sucre. Laissez cuire le tout pendant 6 minutes en remuant et réintégrez ensuite les gambas. Poursuivez la cuisson pendant 5 minutes et servez immédiatement, par exemple avec du riz.

Crevettes piquantes

Temps de préparation: 15 minutes

Ingrédients pour 4 portions:

400 g de crevettes géantes, cuites et décortiquées, avec la queue, mais sans tube digestif
1 piment rouge, épépiné et finement haché
1 pincée de piment en poudre
2 gousses d'ail, finement hachées
1 c. à thé de poivre noir moulu
1 c. à thé de moutarde
1/2 c. à soupe de jus de citron
4 c. à soupe d'huile d'olive

1. Mélangez 4 c. à soupe d'huile d'olive avec le piment en poudre dans une assiette. Ajoutez les crevettes et laissez-les mariner 15 min. Remuez-les régulièrement.
2. Laissez bien égoutter les crevettes. Faites chauffer dans le wok la moitié de l'huile d'olive contenue dans l'assiette. Ajoutez le piment épépiné, le piment en poudre, l'ail et le poivre noir et laissez cuire le tout pendant 2 min. Augmentez la flamme et mettez les crevettes dans le wok. Laissez cuire 5 min tout en remuant.
3. Mélangez la moutarde et le jus de citron, arrosez les crevettes et poursuivez la cuisson pendant 3 min. Servez immédiatement avec du riz ou des pâtes.

à droite: Crevettes piquantes

Riz au poulet et aux œufs

Temps de préparation: 20 minutes

Ingrédients pour 4 portions:

500 g de riz cuit
50 g de petits poids cuits
50 g de petits oignons émincés
3 œufs
125 g de crevettes roses, cuites et décortiquées
150 g de poulet cuit, découpé en petits dés
1 c. à soupe de sauce soja
3 c. à soupe d'huile d'olive
1 c. à thé de sel

1. Battez les œufs à la fourchette dans un bol. Ajoutez une pincée de sel et battez encore un peu.
2. Faites chauffer 1/2 c. à soupe d'huile d'olive dans le wok et faites-y cuire les œufs. Réservez-les.
3. Chauffez le reste de l'huile d'olive et faites cuire le poulet, les crevettes et les petits oignons pendant 4 minutes. Ajoutez la sauce soja et poursuivez la cuisson pendant 1 minute en remuant.
4. Incorporez le riz aux crevettes et au poulet, ajoutez les œufs et laissez cuire le tout encore 4 minutes à feu vif. Veillez à émietter les œufs. Servez immédiatement.

Le riz constitue l'aliment de base dans de vastes régions d'Asie.
Photo: repiquage du riz en Thaïlande.